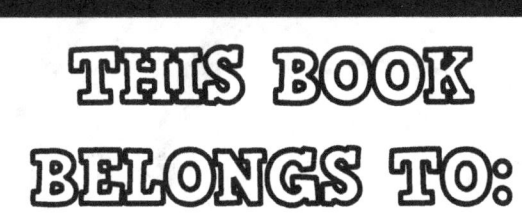

THIS BOOK BELONGS TO:

Ant

Ameise

Ameise

Apple

Apfel

Apfel

Astronaut

Raumfahrer

Raumfahrer

Banana

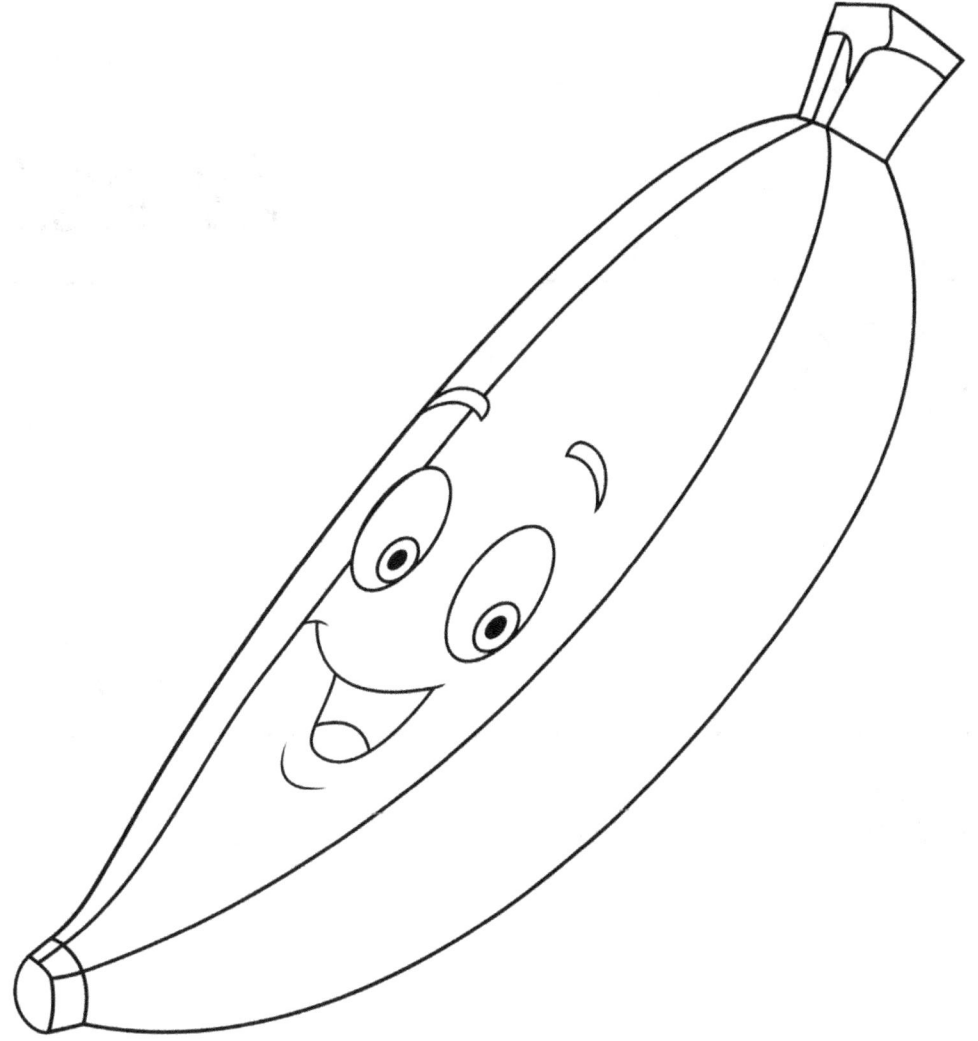

Banane

Banane

Ant	Amei_e
Apple	_pfel
Astronaut	Raumfa_re_
Banana	_ana_e

Bear

Bär

Bär

Book

Buch

Buch

Car

Auto

Auto

_____

_____

_____

Cat

Katze

Katze

Bear

_ă_

Book

Bu__

Car

A_t_

Cat

K_t_e

Corn

Mais

Mais

Dog

Hund

Hund
_____

_____

_____

Donut

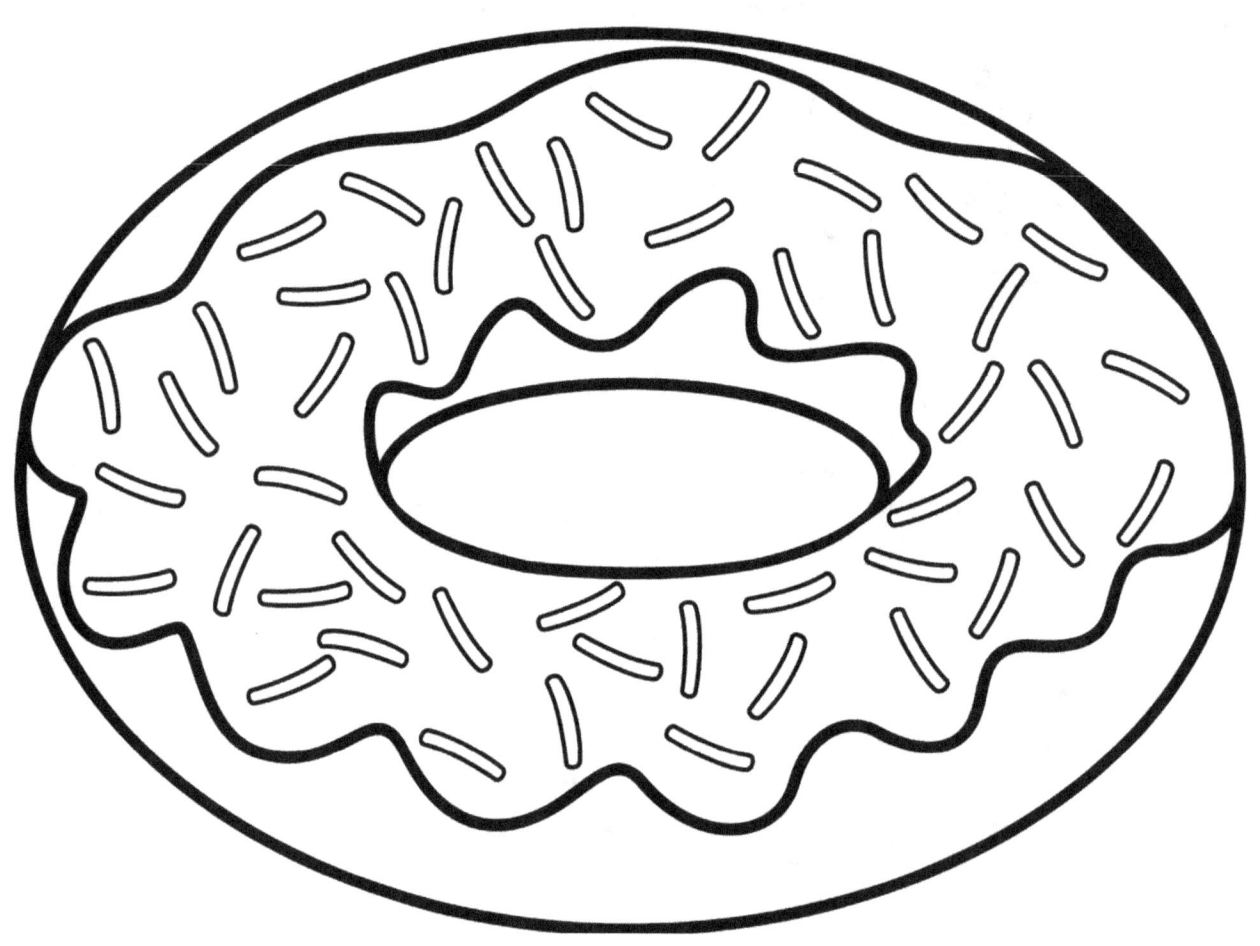

Donut

Donut

_____

_____

Drum

Trommel

Trommel

Corn

_ais

Dog

__nd

Donut

Don_t

Drum

_ro_mel

Snail

Schnecke

Schnecke

Zebra

Zebra

Zebra

Elephant

Elefant

Elefant

Fish

Fisch

Fisch

Snail

Sc_nec_e

Zebra

Z_b_a

Elephant

Ele_an_

Fish

Fi_c_

Flower

Blume

Blume

Fox

Fuchs

Fuchs

Giraffe

Giraffe

Giraffe

Glasses

Brille

Brille

Flower

lum

Fox

F__hs

Giraffe

Gira_fe

Glasses

Br_ll_

Grapes

Weintrauben

Weintrauben

_____

_____

_____

Hamburger

Hamburger

Hamburger

Hippo

Flusspferd

Flusspferd

House

Haus

Haus

Grapes

_eintrau_en

Hamburger

H_mburg_r

Hippo

Flussp_er_

House

H__s

Ice cream

Eiscreme

Eiscreme

Iguana

Leguan

Leguan

Duck

Ente

Ente

Jaguar

Jaguar

Jaguar

Ice cream

__screme

Iguana

L_gu_n

Duck

E__e

Jaguar

Jagu_r

Jam

Marmelade

Marmelade

_____

_____

_____

Jellyfish

Qualle

Qualle

Zeppelin

Zeppelin

Zeppelin

Kiwi

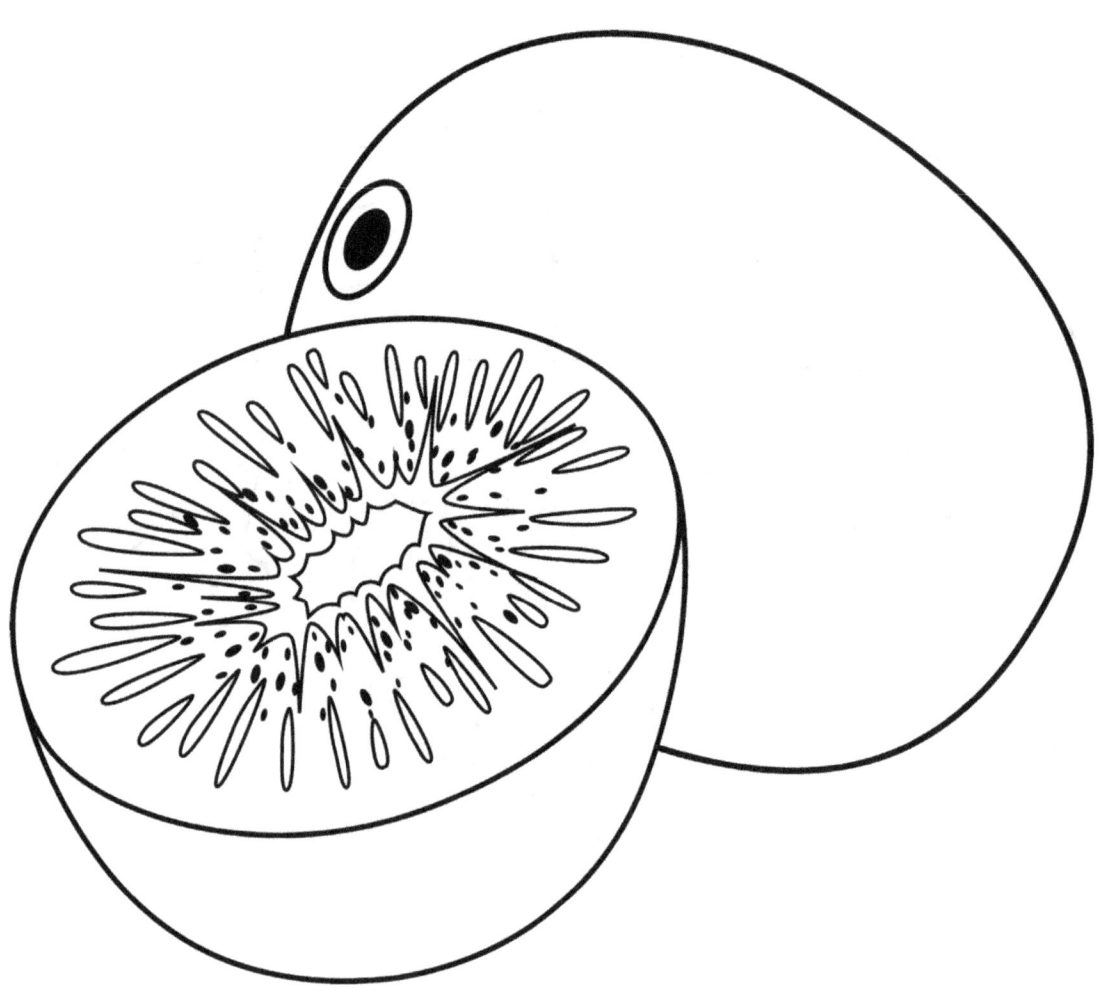

Kiwi

Kiwi

Jam	Ma_m_lade
Jellyfish	Quall_
Zeppelin	Ze_p_lin
Kiwi	_iw_

Strawberry

Erdbeere

Erdbeere

Leaves

Blätter

Blätter

_____

_____

_____

_____

Lights

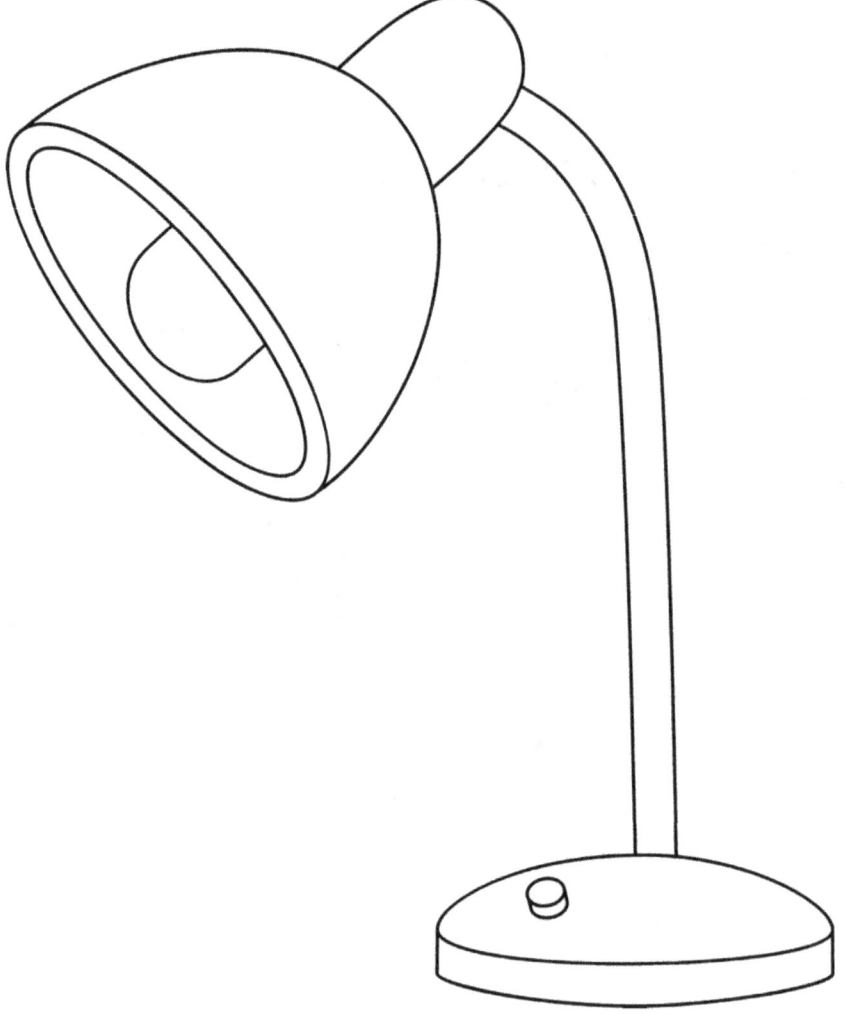

Lampe

Lampe

Lion

Löwe

Löwe

Strawberry

_rdbeere

Leaves

_lätter

Lights

Lam__

Lion

L_we

Monkey

Affe

Affe

Mouse

Maus

Maus

Fly agaric mushroom

Fliegenpilz

Fliegenpilz

Nail

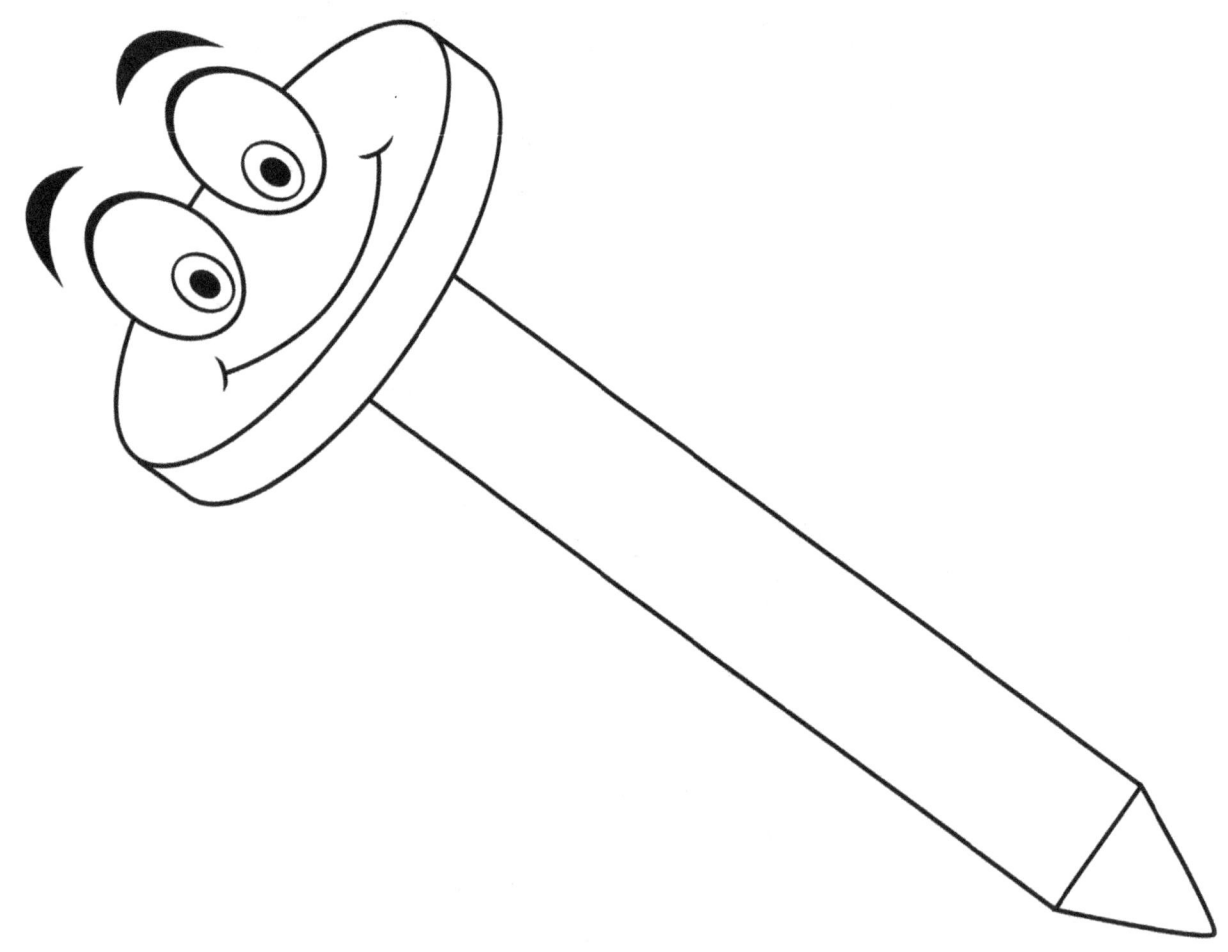

Nagel

Nagel

Monkey

A_fe

Mouse

Ma_s

Fly agaric mushroom

_lie_enpilz

Nail

N__el

Horse

Pferd

Pferd

Nut

Nuss

Nuss

Octopus

Krake

Krake

Orange

Orange

Orange

Horse

Pfe__

Nut

N__s

Octopus

rak

Orange

Or_nge

Owl

Eule

Eule

Pencil

Stift

Stift
_____

_____

_____

Pie

Torte

Torte
_____

_____

_____

Pig

Schwein

Schwein

Owl

E_l_

Pencil

tif

Pie

To__e

Pig

chwei

Bird

Vogel

Vogel

Queen

Königin

Königin

_____

_____

_____

Quill

Feder

Feder

Rabbit

Hase

Hase

Bird

oge

Queen

Kö_ig_n

Quill

F_d_r

Rabbit

H__e

Rhino

Nashorn

Nashorn
_____

_____

_____

Robot

Roboter

Roboter
_____

_____

_____

Tiger

Tiger

Tiger

Tree

Baum

Baum

_____

_____

_____

Rhino

Nash__n

Robot

R_bo_er

Tiger

Ti_e_

Tree

B_u_

Umbrella

Regenschirm

Regenschirm

_____

_____

_____

Urchin

Seeigel

Seeigel

Sun

Sonne

Sonne
_____

_____

_____

Vegetable

Gemüse

Gemüse
_____

_____

_____

Umbrella

_eg_nschirm

Urchin

See_ge_

Sun

S__ne

Vegetable

__müse

Volcano

Vulkan

Vulkan

Vulture

Geier

Geier

Watermelon

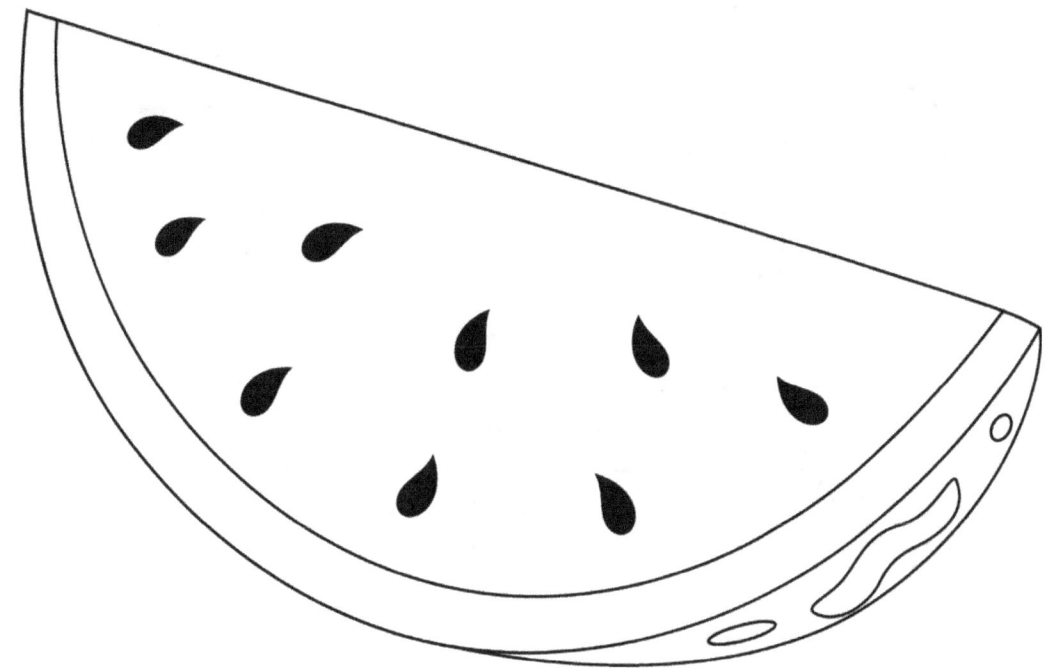

Wassermelone

Wassermelone

Whale

Wal

Wal

Volcano

V_lkan

Vulture

Ge_e_

Watermelon

Wass_r_elone

Whale

__l

Window

Fenster

Fenster

Xylophone

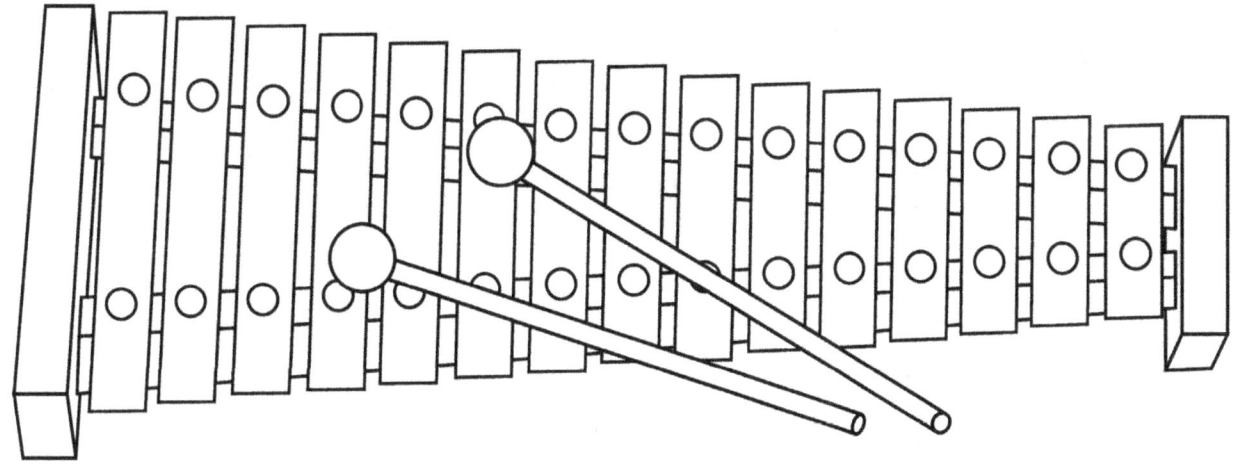

Xylophon

Xylophon

Sailing ship

Segelschiff

Segelschiff

Snowman

Schneemann

Schneemann

Window

Fe_st_r

Xylophone

Xyl_pho_

Sailing ship

_eg_lschiff

Snowman

Sc_n_emann

Yogurt

Joghurt

Joghurt

Chicken

Huhn

Huhn

Key

Schlüssel

Schlüssel

Koala

Koala

Koala

Yogurt

Jo_hurt

Chicken

Huh_

Key

chlüsse

Koala

Koal_

Ant	-
Apple	-
Astronaut	-
Banana	-
Bear	-
Book	-
Car	-
Cat	-
Corn	-
Dog	-
Donut	-
Drum	-
Snail	-
Zebra	-
Elephant	-
Fish	-

Flower	-
Fox	-
Giraffe	-
Glasses	-
Grapes	-
Hamburger	-
Hippo	-
House	-
Ice cream	-
Iguana	-
Duck	-
Jaguar	-
Jam	-
Jellyfish	-
Zeppelin	-
Kiwi	-
Strawberry	-

Leaves	-
Lights	-
Lion	-
Monkey	-
Mouse	-
Fly agaric mushroom	-
Nail	-
Horse	-
Nut	-
Octopus	-
Orange	-
Owl	-
Pencil	-
Pie	-
Pig	-
Bird	-

Queen	-
Quill	-
Rabbit	-
Rhino	-
Robot	-
Tiger	-
Tree	-
Umbrella	-
Urchin	-
Sun	-
Vegetable	-
Volcano	-
Vulture	-
Watermelon	-
Whale	-
Window	-
Xylophone	-

Sailing ship	-
Snowman	-
Yogurt	-
Chicken	-
Key	-
Koala	-